ANIMAUX GÉANTS
Le chameau

Stephanie Turnbull

Publié par Saunders Book Company,
27 Stewart Road, Collingwood, ON Canada L9Y 4M7

Un livre de Appleseed Editions

Imprimé aux États-Unis
par Corporate Graphics à North Mankato, Minnesota

Conçu par Hel James
Édité par Mary-Jane Wilkins
Traduit de l'anglais par Anne-Sophie Seidler

Catalogage avant publication de Bibliothèque et Archives Canada
 Turnbull, Stephanie
[Camel. Français]
      Le chameau / Stephanie Turnbull.
(Animaux géants)
Traduction de : Camel.
Comprend un index.
ISBN 978-1-77092-294-5 (relié)
      1. Chameaux--Ouvrages pour la jeunesse. I. Titre. II. Titre :
Camel.
Français. III. Collection: Turnbull, Stephanie. Animaux géants.
QL737.U54T8714 2015   j599.63'62   C2015-902547-8

Crédits photos
g = gauche, d = droite, h = haut, b = bas
Page-titre Roman Gorielov/Shutterstock; page 3 Ivan
Pavlov/Shutterstock; 4, 5 iStockphoto/Thinkstock; 6 Maxim
Petrichuk, 7 Banana Republic images/les deux : Shutterstock;
8 alersandr hunta, 9 Polina Truver/les deux : Shutterstock;
10 Rambleon/Shutterstock; 11 iStockphoto/Thinkstock;
12, 13 iStockphoto/Thinkstock; 14 Maxim Petrichuk,
15 John Carnemolla/les deux : Shutterstock; 16 Berit Kessler,
17 Andrea Willmore/les deux : Shutterstock; 18 OlegD/
Shutterstock; 19 iStockphoto/Thinkstock; 20, 21 iStockphoto/
Thinkstock; 22g iStockphoto/Thinkstock, d Sergej
Razvodovskij/Shutterstock; 23 iStockphoto/Thinkstock
Couverture tezzstock/Shutterstock

DAD0059z
032015
9 8 7 6 5 4 3 2 1

Table des matières

Les chameaux sont

immenses!

Géant du désert

Le chameau est un mammifère
à sabots. Il est fort et résistant.

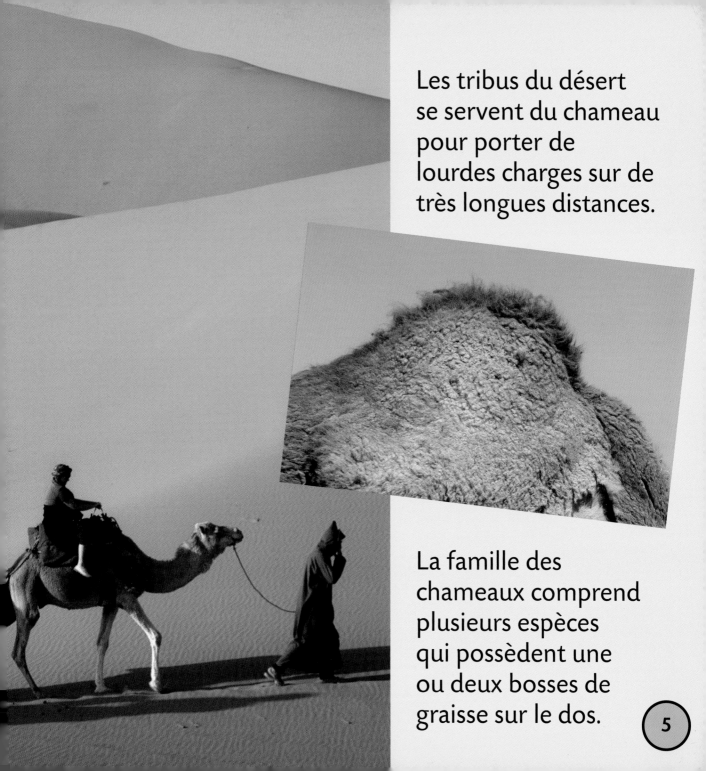

Les tribus du désert se servent du chameau pour porter de lourdes charges sur de très longues distances.

La famille des chameaux comprend plusieurs espèces qui possèdent une ou deux bosses de graisse sur le dos.

5

Haut sur pattes

La plupart des chameaux sont des dromadaires. Ils vivent dans les pays chauds et secs du Moyen-Orient, de l'Afrique et de l'Asie du Sud.

Le dromadaire ne possède qu'une seule bosse. Ses longues pattes fines maintiennent son corps en hauteur, au-dessus du sable brûlant.

Lent et poilu

Certains chameaux vivent dans les collines rocheuses et les déserts rocailleux d'Asie centrale.

Ces chameaux, appelés chameaux de Bactriane, sont plus petits et plus corpulents. Ils possèdent deux bosses.

Leur fourrure épaisse et laineuse les protège des vents violents et du froid glacial.

Bossu

Comme son corps ne perd que très peu d'eau, le chameau survit très bien dans le désert.

Le chameau avale beaucoup d'eau d'un coup et peut ainsi tenir pendant des jours sans boire une seule goutte.

10

Il ne transpire pas et son pipi est comme un sirop épais ne contenant presque pas d'eau!

Le chameau se sert de la graisse de sa bosse pour créer de l'eau. Lorsqu'il utilise sa réserve de graisse, ses bosses rapetissent et s'aplatissent.

Sable du désert

Grâce à ses deux rangées de **longs cils,** le chameau arrive à enlever le sable de ses yeux.

Des poils épais
empêchent également
le sable d'entrer
dans ses oreilles.
Il peut même
fermer ses narines!

De **larges** sabots
lui permettent de
marcher sur le sable
sans s'enfoncer.

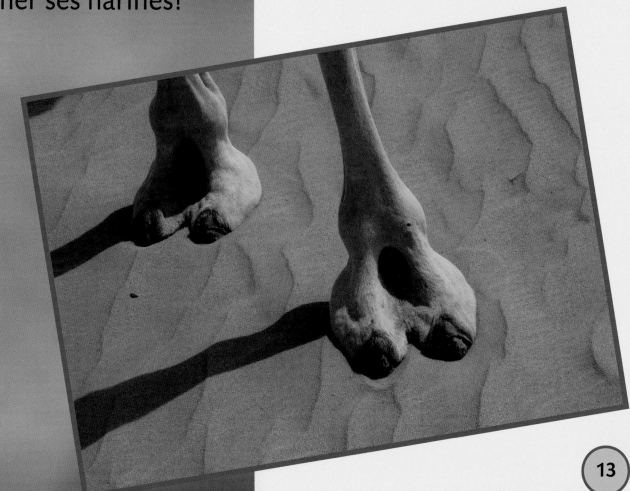

13

Se nourrir

Les propriétaires de chameaux laissent leurs chameaux trouver eux-mêmes leur nourriture.

Le chameau se promène en troupeau pour chercher des plantes. Il n'est pas difficile!

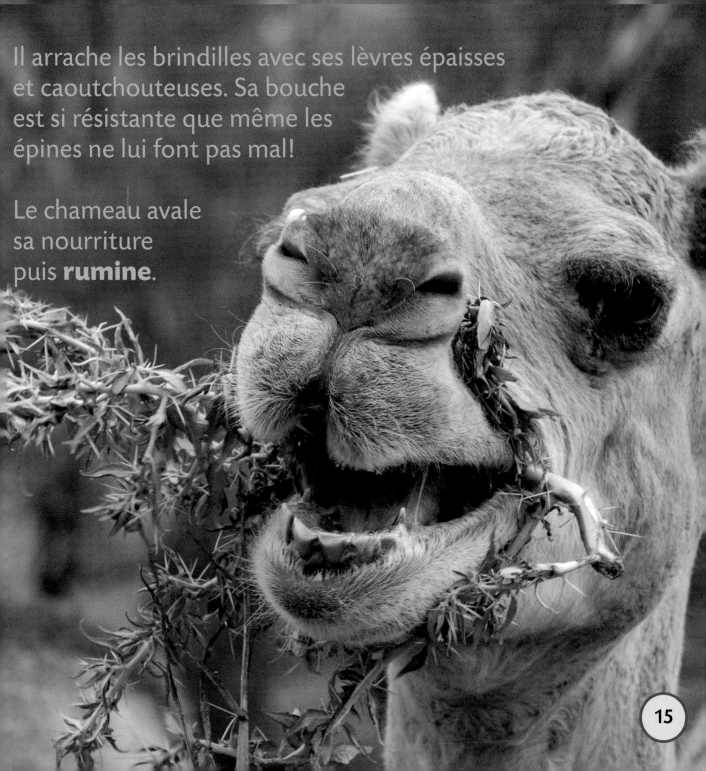

Il arrache les brindilles avec ses lèvres épaisses et caoutchouteuses. Sa bouche est si résistante que même les épines ne lui font pas mal!

Le chameau avale sa nourriture puis **rumine**.

15

Le chamelon

16

La chamelle
donne naissance
à un seul bébé
à chaque fois.

Le petit du
chameau s'appelle
le chamelon.
Quelques heures
après sa naissance,
il sait déjà marcher.

Le chamelon
boit le lait de
sa maman et
reste auprès d'elle
pendant deux ans.

17

Bon travailleur

Le chameau est un animal calme et patient.
Il est facile de le dresser à porter une selle sur sa
bosse et à transporter des charges ou des personnes

Il se met à genoux pour être
chargé ou pour se reposer.

Lors de festivités, on le décore avec des pompons **colorés** et des perles brillantes.

19

Vie sauvage

Certains chameaux n'ont pas de propriétaire.

Au centre de l'Australie, on peut voir d'énormes troupeaux de dromadaires sauvages. Souvent, ils dévorer les récoltes des fermiers et détruisent les clôtures.

Dans le désert de Gobi, situé en Chine et en Mongolie, on trouve quelques chameaux de Bactriane sauvages tout maigres.

Ils comptent parmi les animaux les plus rares au monde.

Infos **GÉANTES**

Un grand chameau peut porter un poids équivalant à onze enfants comme toi!

Le chameau possède 34 grosses dents coupantes pour mâcher facilement les plantes coriaces.

Le chameau arrive à boire l'équivalent de sept gros seaux d'eau en dix minutes!

Le chameau se sert de son long cou recourbé pour atteindre les branches en hauteur et pour boire sans devoir plier les pattes.

Mots utiles

ruminer
Ramener les aliments de l'estomac dans la bouche pour les mâcher.

sabot
Partie dure sur le devant du pied du chameau.

tribu
Groupe de personnes. De nombreuses tribus du désert sont soit nomades, c'est-à-dire qu'elles ne vivent pas toujours au même endroit, ou bien au contraire, sédentaires.

troupeau
Groupe d'animaux vivant ensemble.

Index